AF205425

Impressum

Verlag: BABADADA GmbH, Nedderfeld 112 , 22529 Hamburg

Geschäftsführer / Verlagsleitung: Harald Hof

Druck: Books on Demand GmbH, In de Tarpen 42, 22848 Norderstedt

Imprint

Publisher: BABADADA GmbH, Nedderfeld 112 , 22529 Hamburg, Germany

Managing Director / Publishing direction: Harald Hof

Print: Books on Demand GmbH, In de Tarpen 42, 22848 Norderstedt

# escola
## اسڪول

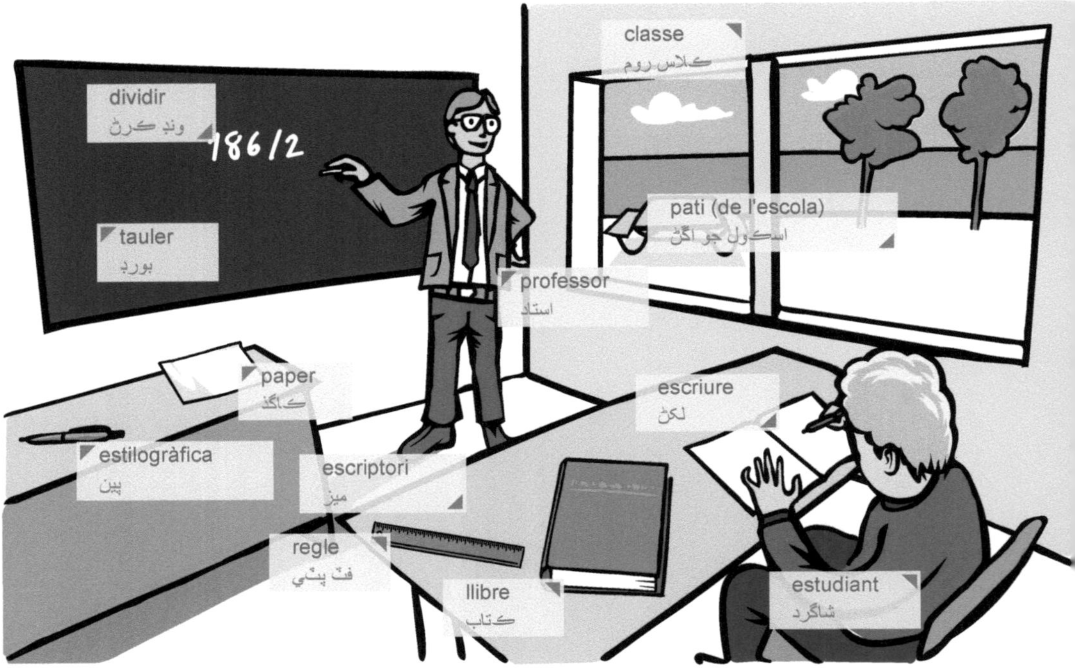
dividir
ونڊ ڪرڻ
186/2
classe
ڪلاس روم
tauler
بورڊ
pati (de l'escola)
اسڪول جو اڱڻ
professor
استاد
paper
ڪاغذ
escriure
لکڻ
estilogràfica
پين
escriptori
ميز
regle
فٽ پٽي
llibre
ڪتاب
estudiant
شاگرد

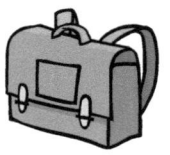

bossa
بستو

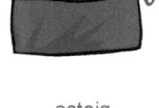

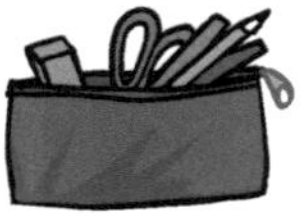

estoig
پينسل باڪس

llapis
پينسل

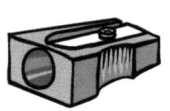

maquineta de fer punta
پينسل شارپنر

goma
ربڙ

bloc de dibuix
ڊرائنگ پيڊ

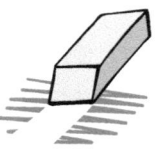

dibuix

ڈراٸنگ

pinzell

پیٸنٹ برش

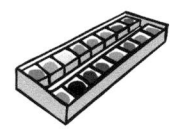

capsa de pintures

پیٸنٹ باکس

tisores

قینچي

cola

کٸونر

quadern d'exercicis

مشق کرٸ واري کاپي

deures

هوم ورک

## 12

nombre

عدد

## 2+2

afegir

جوڑ کرٸ

## 5-2

sostreure

کٹ کرٸ

## 2×2

multiplicar

ضرب کرٸ

calcular

حساب کرٸ

## A

lletra

خط

## ABCDEFG HIJKLMN OPQRSTU VWXYZ

alfabet

الفابیٸ

## hello

mot

لفظ

text

مضمون

llegir

پَڑھنٔ

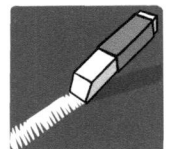

guix

چاک

lliçó

سبق

llibre de classe

رجسٹر

examen

امتحان

certificat

سرٹیفیکیٹ

uniforme escolar

اسکول یونیفارم

formació

تعلیم

enciclopèdia

انسائکلوپیڈیا

universitat

یونیورسٹی

microscopi

خوردبینی

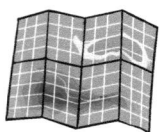

mapa

نقشہ

paperera

ردّی جی ٹوکری

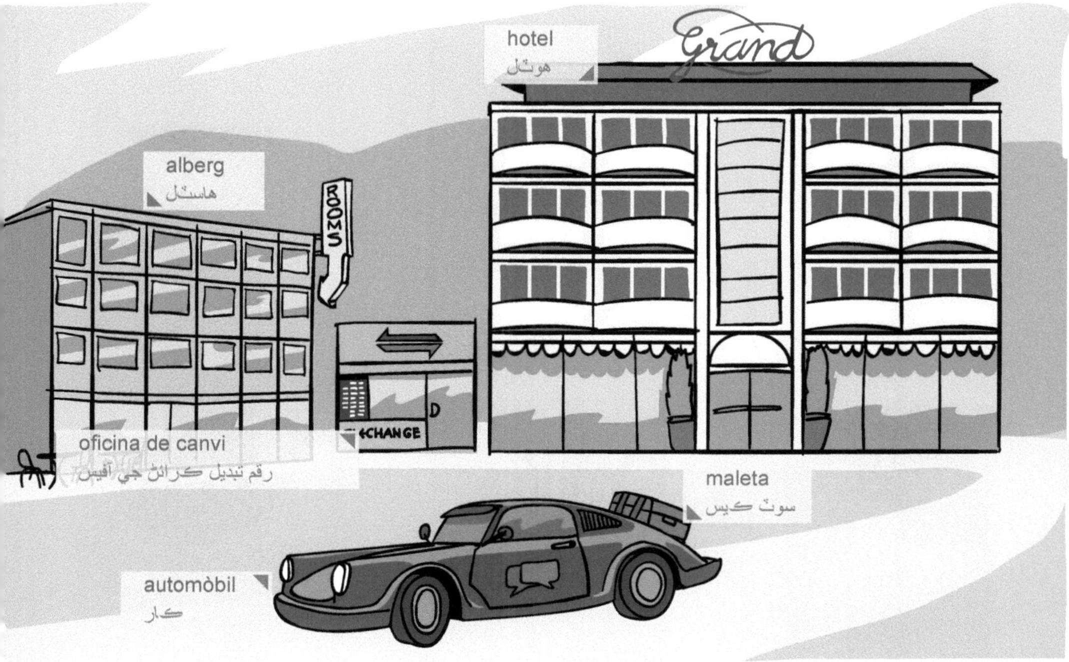

Grand
hotel
هوٹل
alberg
هاسٹل
ROOMS
oficina de canvi
رقم تبديل ڪرائڻ جي آفيس
CHANGE
maleta
سوٽ ڪيس
automòbil
ڪار

llengua

ٻولي

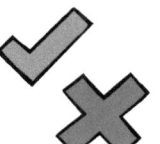

sí / no

ها يا نه

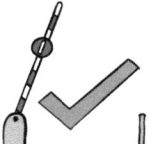

D'acord

صحيح آهي

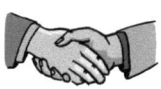

Ey!

هيلو

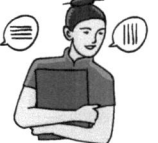

traductora

مترجم

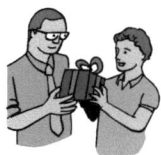

gràcies

مهرباني

Quant costa... ?

هن جي قيمت گهٽي آهي.....؟

No entenc

مون کي سمجهه ۾ نٿو اچي

problema

مسئلو

Bona nit!

گڊ ايوننگ

bon dia!

صبح بخير

bona nit!

شب خير

fins aviat

الوداع

direcció

طرف

bagatge

سفري سامان

bossa

بيگ

sarrona

پويان بٺن وارو بيگ

convidat

مهمان

cambra

ڪمرو

sac de dormir

بسترّ وارو بيگ

tenda

خيمو

oficina de turisme

سياحت بابت معلومات

platja

سمندڅ كناره و

carta de crèdit

كارڅ كريډيټ

esmorzar

وناشتا

dinar

جنل

sopar

ربن

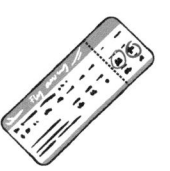

bitllet

ټكټ

ascensor

لفټ

segell

مهر

frontera

سرحد

duana

ګاهك

ambaixada

سفارتخانه

visat

ويزا

passaport

پاسپورټ

# transport
# آمد و رفت

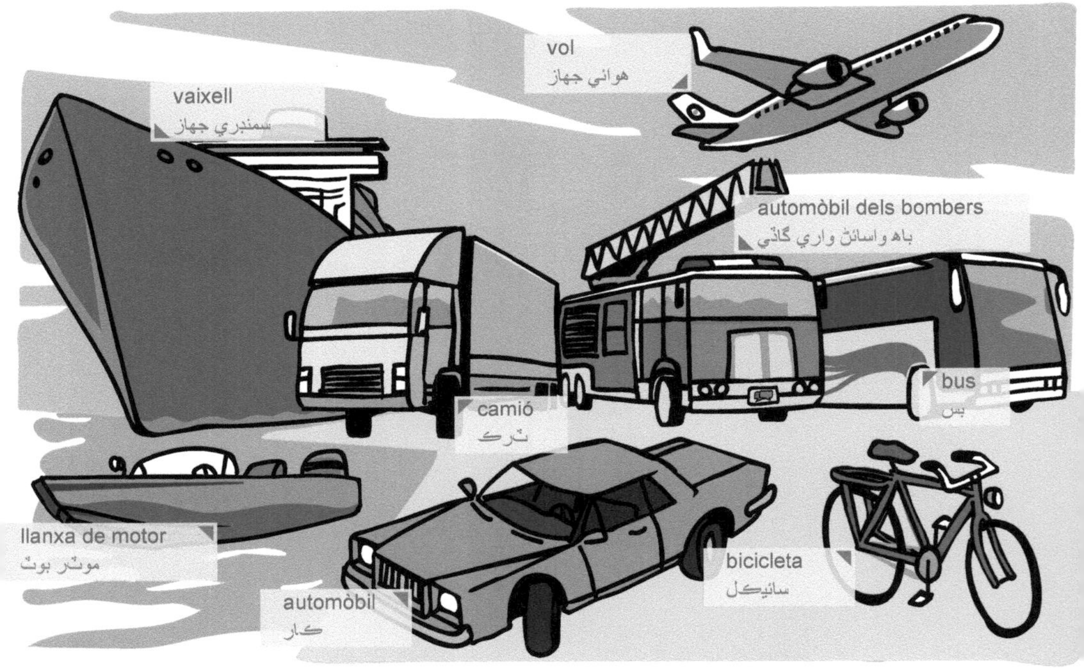
vol
هوائي جهاز
vaixell
سمندري جهاز
automòbil dels bombers
باه واسائڻ واري گاڏي
bus
بس
camió
ٽرڪ
llanxa de motor
موٽر بوٽ
bicicleta
سائيڪل
automòbil
ڪار

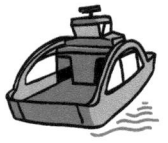

transbordador

فيري

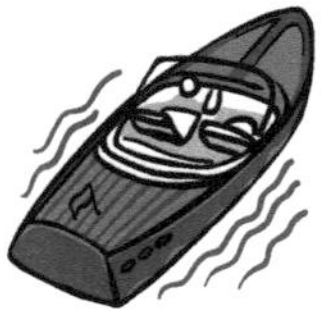

barca

بيڙي

moto

موٽر سائيڪل

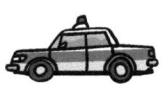

automòbil de policia

پوليس ڪار

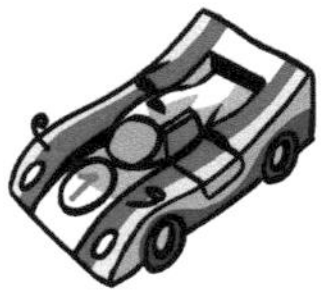

automòbil de curses

ريسنگ ڪار

automòbil de lloguer

رينٽل ڪار

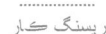

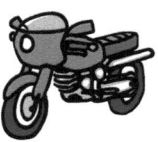

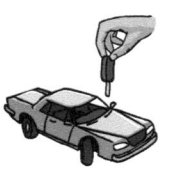

vehicle compartit

چشنیرنگ کار

grua

چکٹ وارو ٹرک

camió de les escombraries

کچري واري ٹرک

motor

کار

benzina

فیول

benzineria

پیٹرول اسٹیشن

senyal de trànsit

ٹریفک جا نشان

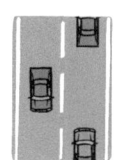

trànsit

ٹریفک

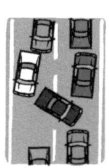

embús

ٹریفک جام

aparcament

کار پارک

estació de trens

ٹرین اسٹیشن

vies

پٹڑیون

tren

ٹرین

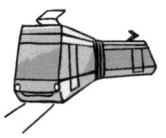

tramvia

ٹرام

vagó

ویگن

transport - آمد و رفت　　　9

helicòpter

هيليڪاپٽر

aeroport

ايئرپورٽ

torre

ٽاور

passatger

مسافر

contenidor

ڪنٽينر

capsa de cartó

ڊٻو

carretó

ريڙهي

cistella

ٽوڪري

enlairar-se / aterrar

اڏرڻ / زمين تي لهڻ

## ciutat

## شهر

poble

ڳوٺ

centre de la ciutat

شهر جو مرڪز

casa

گهر

cinema
سينيما

anunci
اشتهار نامو

fanal
اسٹریٹ لیمپ

carrer
گھٹي

taxista
ٹیکسي

quiosc
اسٹیک شاپ

pedestre
پیدل هلن وارن لاء رستو

vorera
پکو رستو

pas de zebra
زیبرا کراسنگ

galleda d'escombraries
ٹب

encreuament
کراسنگ

semàfor
ٹریفک لائٹس

cabana

جهوپرّي

apartament

فلیٹ

estació de trens

ٹرین اسٹیشن

casa de la vila-ciutat

ٹاؤن هال

museu

عجائب گهر

escola

اسکول

universitat

يونيورسٽي

banca

بينڪ

hospital

اسپتال

hotel

هوٽل

farmàcia

فارميسي

oficina

آفس

llibreria

ڪتابن جي ڪتاب

botiga

دڪان

floristeria

گلن جي دڪان

supermercat

سپر مارڪيٽ

mercat

مارڪيٽ

gran magatzem

دپارٽمينٽ اسٽور

peixateria

مڇي جي دڪان

centre comercial

شاپنگ سينٽر

port

بندرگاه

parc

پارک

banc

بینچ

pont

پل

escala

ڈاکنٹ

metro

زیر زمین میٹرو

túnel

سرنگ

parada d'autobús

بس اسٹاپ

bar

شراب خانو

restaurant

روسٹورینٹ

bústia de correu

پوسٹ باکس

senyal indicador

اسٹریٹ سائن

parquímetre

پارکنگ میٹر

zoo

چڑیا گھر

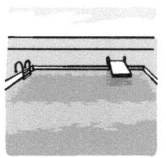

piscina

سونمنگ پول

mesquita

مسجد

granja

فارم

pol·lució

آلودگي

cementiri

قبرستان

església

چرچ

parc infantil

راند جو ميدان

temple

مندر

## paisatge

زميني منظر

fulla
پټو

cartell indicador
سائن بورڊ

camí
رستو

prat
ساوڪ واري زمين

pedra
پٿر

arbre
ون

excursionista
پيادل هلڻ وارو هائيڪر

riu
دريا

gespa
چير

flor
گل

vall

وادي

muntanya

جبل

llac

ڊنڊ

bosc

ڳل

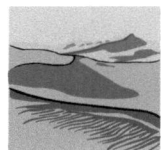

desert

ريگستان

volcà

آتش فشان

castell

قلعو

arc de Sant Martí

اندڙلٺ

bolet

کنيي

palmera

کھجي جو وڻ

moscard

مڇر

mosca

مک

formiga

کيولي

abella

ماکي جي مک

aranya

مکڙي

escarabat

ننڈڈش

granota

ڈیڈّر

esquirol

نورینڑو

eriçó

چاهو

llebre

خرگوش

òliba

چڑو

ocell

پکي

cigne

بدک

senglar

سوئر

cervo

هرڻ

ant

أمريكي هرڻ جو قسم

presa

ڈيم

turbina

هوا سان هلڻ واروئّربائين

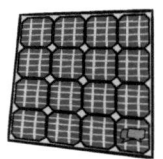

panell solar

سولر پينل

clima

آب و هوا

# restaurant

## روسٽورينٽ

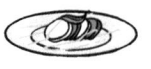

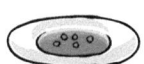

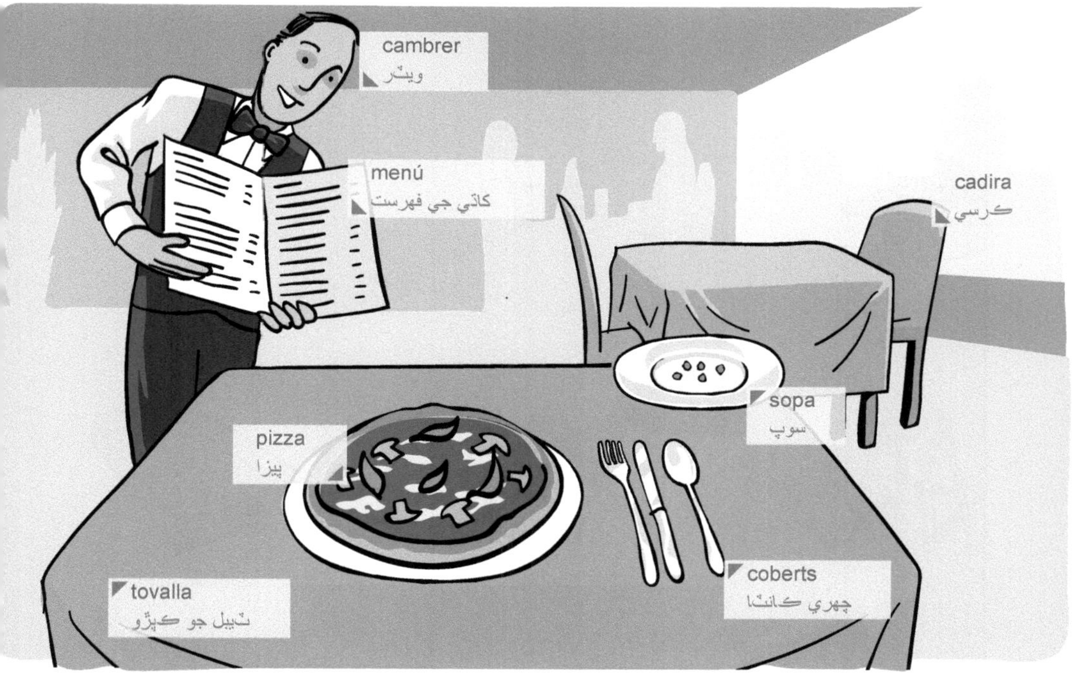

cambrer
ويٽر
menú
کاڌي جي فهرست
cadira
ڪرسي
sopa
سوپ
pizza
پيزا
coberts
چهري ڪانٽا
tovalla
ٽيبل جو ڪپڙو


primer plat

اسٽارٽر

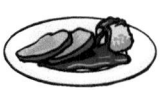

plat principal

مين ڪورس

darreries

کاڌي کانپوءِ کائڻ وارو مٺو

begudes

مشروب

menjar

خوراڪ

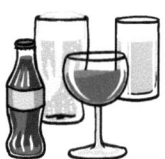

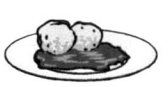

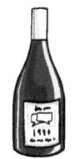

ampolla

بوتل

menjar ràpid

فاسٹ فوڈ

menjar de carrer

اسٹریٹ فوڈ

tetera

کتلی

sucrer

شگر باؤل

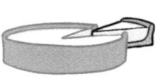

porció

ٹکڑو

màquina d'espresso

ایسپریسو مشین

trona

اونچي کرسي

factura

بل

plata

ٹري

ganivet

چهري

forqueta

کانٹو

cullera

چمچ

cullereta

چانهن جو چمچو

tovalló

سروينٹي

got

گلاس

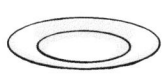

**plat**

پلیٹ

**plat de sopa**

سوپ پلیٹ

**plateret**

سسر

**salsa**

چٹنی

**saler**

لوݨ داني

**molinet de pebre**

ورو سٹ پیپ چ مرچ

**vinagre**

سرکو

**oli**

کاڈو پچانݨ وارو تیل

**espècies**

حوالصام

**quètxup**

پ چیک اپ

**mostassa**

نهن سرر س

**maionesa**

زینویام

# supermercat

## سپر مارڪيٽ

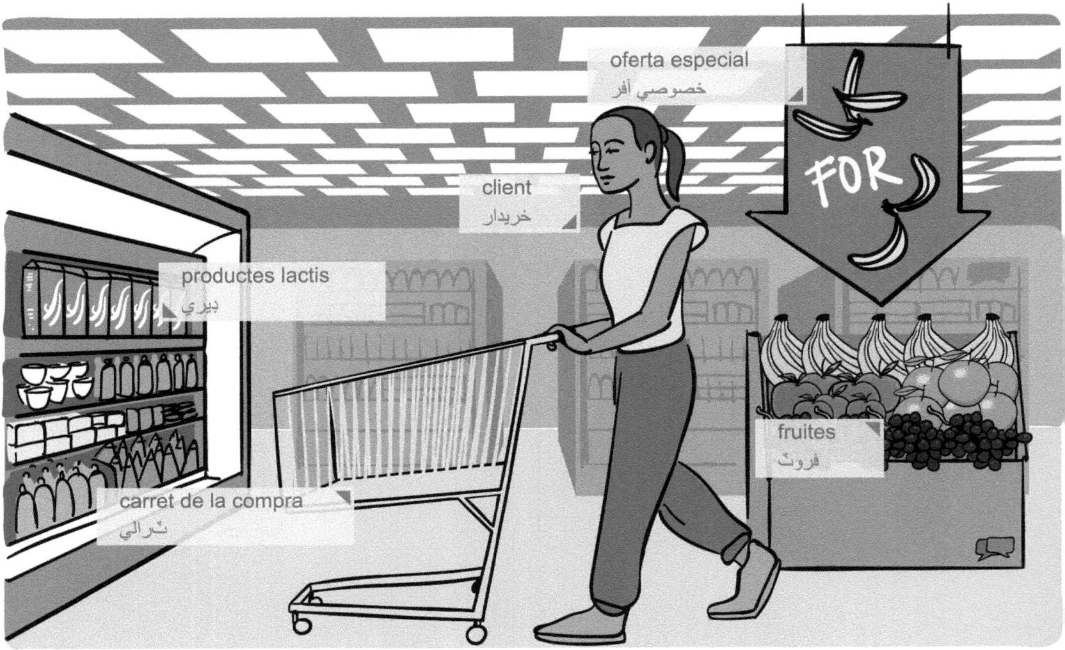
oferta especial
خصوصي آفر
FOR
client
خريدار
productes lactis
ڊيري
fruites
فروٽ
carret de la compra
ٽرالي

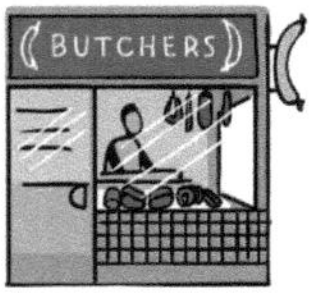
BUTCHERS

carnisseria

گوشت جي دڪان

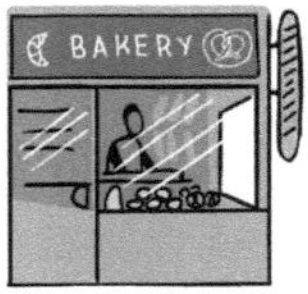
BAKERY

forn de pa

بيڪري

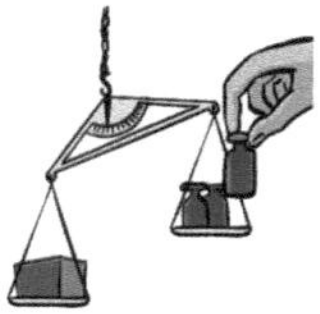

pesar

وزن ڪرڻ

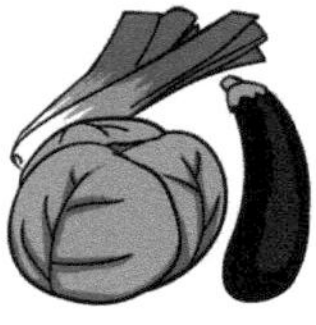

verdures

سبزيون

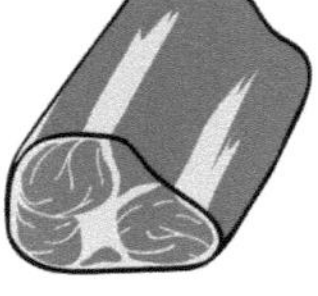

carn

گوشت

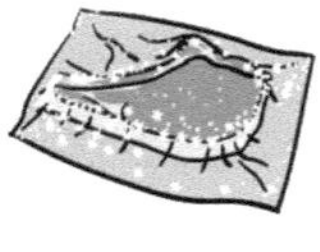

menjar congelat

چميل کاڌو

carn freda

سرد گوشت

conserves

ڈبی م بند کانٹو

detergent en pols

واشنگ پاؤدر

dolços

مٹھائي

articles domèstics

گھریلو سامان

productes de neteja

صفائي کرڻ وارا پرابڪٽس

venedora

سيلز پرسن

caixa registradora

کيش رجسٽر

caixera

خزانچي

llista de la compra

خريداري جي فهرست

horari d'obertura

اوقات ڪار

portamonedes

پرس

carta de crèdit

ڪريڊٽ ڪارڊ

bossa

بيگ

bossa de plàstic

پلاسٽڪ بيگ

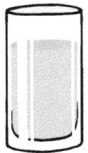

aigua

پاڻي

suc

جوس

llet

کیر

coca-cola

کوک

vi

وائن

cervesa

بيئر

alcohol

الکوهل

cacau

کوکر

te

چاني

cafè

کافي

espresso

ایسپریسو

cappuccino

کیپیوچینو

banana

كيلو

poma

صوف

taronja

ونّتالم

síndria

خربوذو

llimona

ليمون

pastanaga

گجر

all

ومّوث

bambú

بانس

ceba

بصر

bolet

كنيي

avellanes

اخروٹ، بادام

fideus

زلدنو

espaguetis

اسپيگتّي

arròs

چانور

amanida

سلاد

patates fregides

چپس

patates fregides

تريل پتّاتّا

pizza

پيزا

hamburguesa

هيم برگر

entrepà

سينبدوچ

escalopa

گوشت جو تّكرو

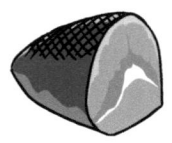

cuixot

سور جي ران جو گوشت

salami

خٹک گوشت

salsitxa

ساسيج

pollastre

مرغي

rostit

روسٹ

peix

مچي

flocs de civada

جو جو دليا

musli

ميوزلي

cereals

كارن فليكس

farina

ائو

croissant

كرونسنٹ

panet

بريد رول

pa

بريڈ

torrada

ٹوسٹ

bescuits

بسكٹ

mantega

مكئا

mató

دهي

pastís

كيک

ou

انڈا

ou fregit

فرائي ٹيل انڈو

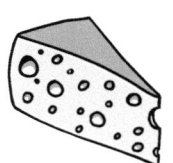

formatge

پنير

gelat

أيس كريم

sucre

كند

mel

ماكي

melmelada

مربو

crema de xocolata

چاكلیٹ اسپریڈ

curri

باجي

granja
فارم هائوس

graner
گدام

bala de palla
پلال جوگنڌ

camp
زمين

cavall
گهوڙو

remolc
ٽريلر

poltre
گهوڙي جو ٻچو

tractor
ٽريڪٽر

ase
گڏهه

xai
رڍ جو ٻچو

ovella
رڍ

cabra

ٻڪري

vaca

ڳئون

vedella

ڳائو

porc

سؤر

garrí

سؤر جو ٻچو

bou

ڍڳو

oca

هنس

ànec

بدک

poll

چوزا

gall

مرغي

gallina

مرغو

rata

کونو

gat

ٻلي

ratolí

کونو

bou

ڏاند

gos

ڪتو

gossera

ڪتي جو گهر

mànega de regar

گاردن هوز

regadora

پاڻي جو ڪين

dalla

ڏاٽو

arada

هر

falç

ڈاتّو

aixada

رنبو

forca

ڈانداري

destral

كهاڑو

carretó

ہتّ سان ہلاٹ واري ريڑھي

abeurador

حوض

lletera

كير جو ڈبو

sac

گوٹ

tanca

لوڑھو

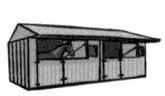

establa

اصطبل

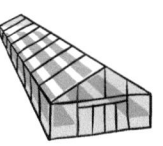

hivernacle

گرين ہائوس

sòl

منّي

llavor

ٻج

adob

كھاد

collidora

كمبائنڈ ہاروِيسٹر

collir

فصل كـنْث

collita

فصل كـنْث

nyam

هـك قسم جي تزكـاري

blat

كـژك

soja

سويا

patata

پـنّانْـو

blat de moro o d'indi

مكـانـي

colza

توري جو بج

arbre fruiter

ميون جو وث

mandioca

كـساوا

cereals

اناج

fumera
چمني

teulada
چهت

canaló
نڪاسي جو پائپ

finestra
دري

garatge
گيراج

campana
دروازي جي گهنٽي

porta
دروازو

galleda de les escombraries
ڪچري جي ٽوڪري

bústia de correu
ليٽر باڪس

jardí
باغ

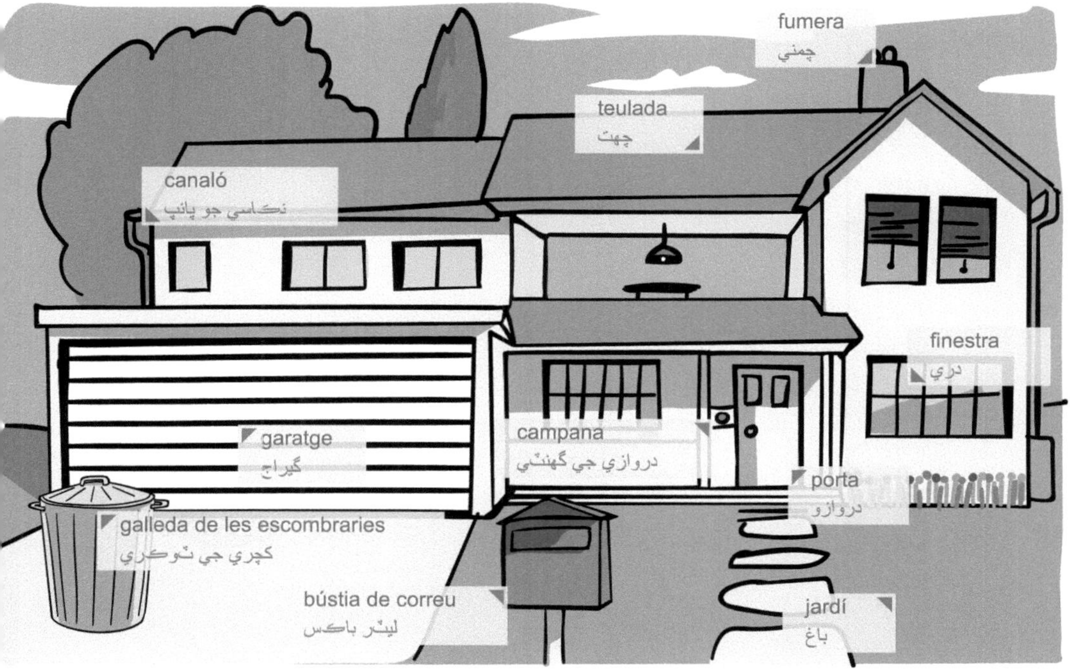

sala d'estar

لوونگ روم

bany

غسل خانو

cuina

باورچي خانو

cambra de dormir

بيڊروم

cambra de nen

ٻارن جو ڪمرو

menjador

ڊائننگ روم

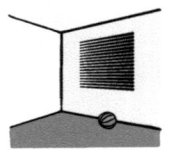

sòl

فرش

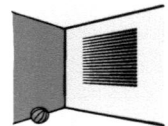

paret

دیوار

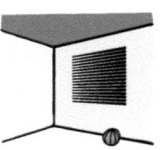

sostre

چهت

soterrani

تهخانو

sauna

ہاف وارو غسل

balcó

بالکونی

terrassa

سّیرن

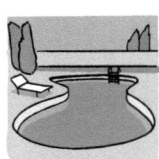

piscina

تالاؤ

tallagespa

گاه کتݨ واري مشين

vànova

چادر

cobrellit

چادر

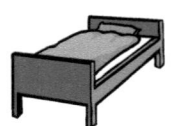

llit

بیڈ

escombra

جهاڙو

galleda

بالݨي

interruptor

سونچ

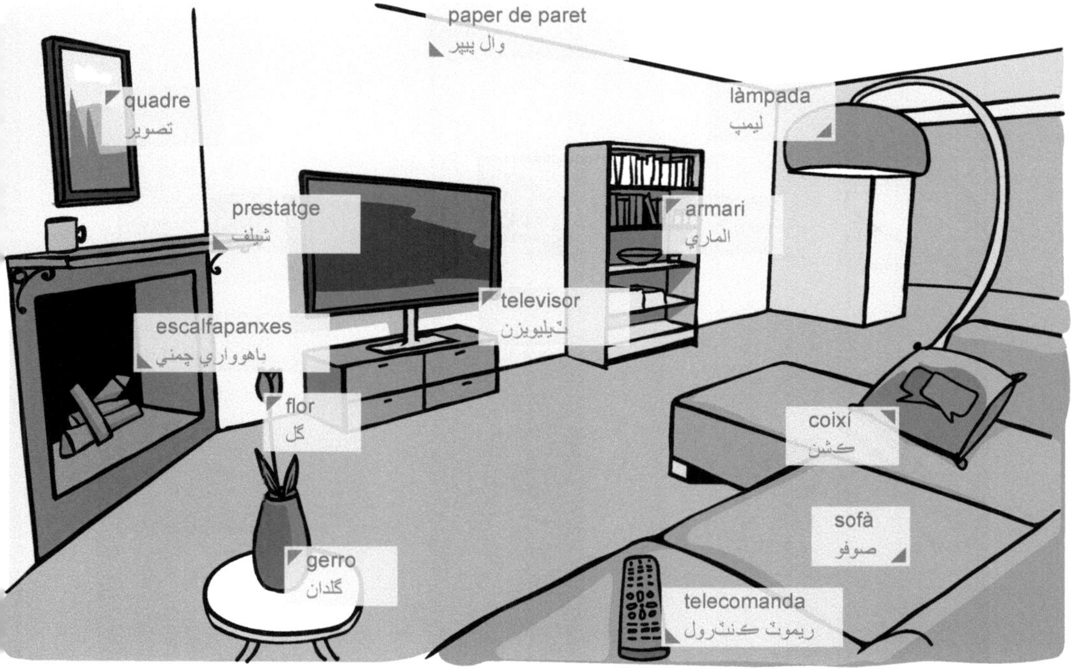

paper de paret
وال پیپر

quadre
تصویر

làmpada
لیمپ

prestatge
شیلف

armari
الماري

televisor
تلیویزن

escalfapanxes
باهوواري چمني

flor
گل

coixí
کشن

sofà
صوفو

gerro
گلدان

telecomanda
ریموٹ کنٹرول

catifa
قالین

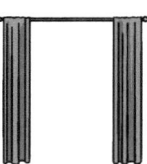

cortina
پردو

taula
میز

cadira
کرسي

cadira gronxadora
لۆڵ واري کرسي

cadiral
آرام کرسي

llibre

كتاب

llençol

كمبل

decoració

أرائش

llenya

پارٽ واريون ڪاٺيون

film

فلم

cadena de música

هاڻي فاني

clau

چاٻي

diari

اخبار

pintura

پينٽنگ

cartell

پوسٽر

ràdio

ريڊيو

bloc de notes

نوٽ بڪ

aspiradora

ويڪيوم ڪلينر

cactus

ٿوهر جو ٻوٽو

candela

ميڻ بتي

# cuina
# باورچي خانو

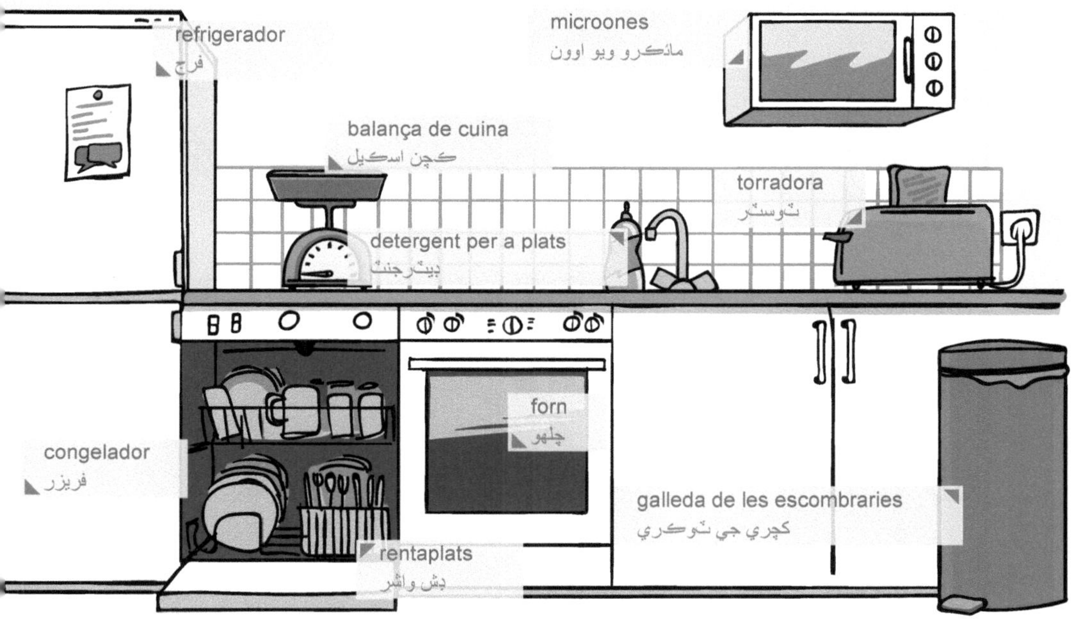

refrigerador
فرج
microones
مائڪرو ويو اوون
balança de cuina
ڪچن اسڪيل
torradora
ٽوسٽر
detergent per a plats
ڊيٽرجنٽ
forn
چلهو
congelador
فريزر
galleda de les escombraries
ڪچري جي ٽوڪري
rentaplats
ڊش واشر


cuina de fogons

ڪُڪر

olla

ٿانوَ

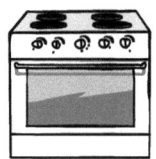

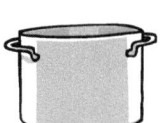

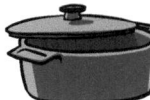

olla de ferro colat

ڪاسٽ آئرن جا ٿانو

wok / karahi

ڪڙهائي

paella

ترڙ وارو ٿانو

bullidor

ڪيٽلي

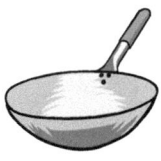

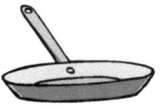

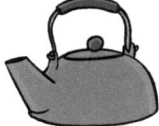

olla de vapor

اسٹیمر

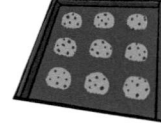

plata de forn

بیکنگ ٹری

vaixella

کراکري

tassa grossa

مگ

bol

پیالو

bastonets xinesos

چاپ اسٹکس

culler

ڈونۍ

espàtula

ٹپثي

batedor

سبزي مکسر

colador

چھاٹي

sedàs

چھاٹي

ratllador

کدو کش وارو اوزار

morter

اکري

barbacoa

بار بي کيو

foc a terra

کليل باھ

taula de tallar

سبزي كښتّنْ وارو بورډ

corró

ويلن

llevataps

كارك اسكريو

pot de conserva

كين

obridor

كين اوپنر

agafador

تاونوَ پكړنّ وارو كپړّو

aigüera

سنډك

raspall

برش

esponja

اسفنج

batedora

بلينډر

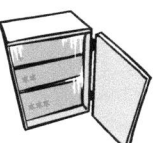

congelador

ډيپ فريزر

biberó

بار جي بوتّل

aixeta

نل

calefacció
هيتـنگ

dutxa
شاور

tovallola
تـوال

cortina de dutxa
شاور كرتـين

bany de bombolles
بيل باث

banyera
باث تـب

got
گلاس

rentadora
واشنگ مشين

aixeta
نل

rajoles
تـائلز

orinal
پاتـي

aigüera
سنـک

lavabo

تـائلت

lavabo turc

اوكـزو ويهـ وارو تـوائلت

bidet

شرم گاه ذونـ وارو تـب

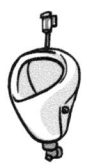

orinador

پيشاب گاه

paper higiènic

تـائلت پيپر

escombreta de sanitari

تـائلت برش

raspall de dents

 برش تووتّه

pasta de dents

تسپیس تووتّه

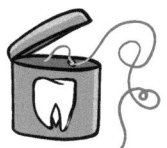

fil dental

سلاف لننیبد

rentar

ننوذ

pom de dutxa

راوش دینه

dutxa íntima

راوش

rentamans

برش کیب

raspall per a l'esquena

برش کیب

sabó

نباص

gel de dutxa

راوش جیل

xampú

وپمیش

manyopla de bany

نیللاف

bonera

ندرب

crema

میرک

desodorant

تّننرودویبد

mirall

آئینو

mirall-espill de mà

هتَّ م پکڑلُ وارو ائينو

maquineta de rasar

ريزر

espuma de barbejar

شيونگ فوم

loció post-rasada

آفترُ شيو

pinta

ڪنگي

raspall

برش

eixugador

هيئر برانير

laca

هيئر اسپري

maquillatge

ميڪ اپ

pintallavis

سرخي

esmalt d'ungles

نيل وارنش

cotó

ڪپھ

tallaungles

نيل سيزر

perfum

پرفيوم

estoig de bellesa

واش بیگ

tamboret

اسٽول

bàscula

وزن کرڻ واري مشین

barnús

باٿ روب

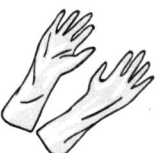

guants de goma

ربڙ جا دستانا

compresa higiènica

ٽيمپون

compresa

صفائي وارو ٽاول

sanitari químic

کيميائي ٽوائلٽ

# cambra de nen

## پارن جو ڪمرو

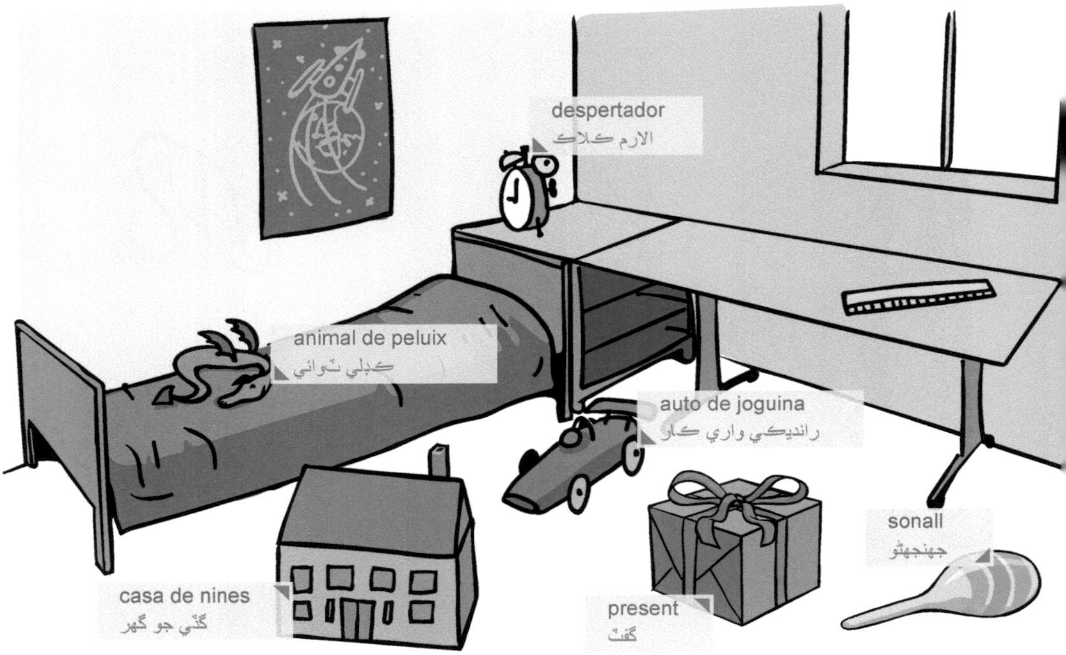

despertador
الارم ڪلاڪ
animal de peluix
ڪڊلي ٽوائي
auto de joguina
رانديڪي واري ڪار
sonall
جهنجهٽو
casa de nines
گڏي جو گهر
present
گفٽ


baló

ڦوڪڻو

llit

بيڊ

cotxet per a nens

ٻار جي گاڏي

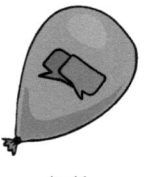

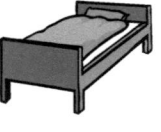

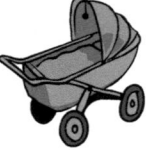

joc de cartes

ڊيڪ آف ڪارڊز

trencaclosca

جگسا

historieta

ڪامڪ

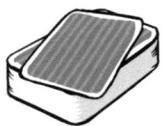

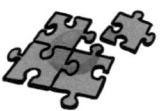

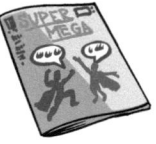

peces de lego

ليگوبرگس

peces de construcció

راندیكن وارا بلاكس

ninot d'acció

ایكشن فگر

granota

بيبي گرو

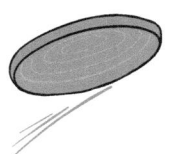

frisbee

فرسبي

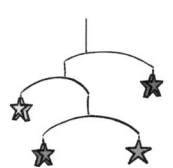

mòbil per a bressol

راندیكي واري موبائل

joc de taula

بورڊ گيم

daus

چهكو

tren elèctric

مادل ٽين سيٽ

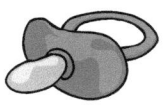

xumet

بارن جي چوسڻ واري نپل

festa

پارٽي

llibre de dibuixos

تصوير واري كتاب

pilota

بال

nina

گڏي

jugar

كيڏڻ

sorrera

سينڊ پٽ

gronxador

جهولا

joguines

رانديڪا

consola de jocs de vídeo

وڊيو گيم ڪنسول

tricicle

ٽن ڦيٽن واري سائيڪل

osset de peluix

ٽيڊي بيئر

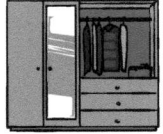

armari

ڪپڙن جي الماري

## roba

لباس

mitjons

جرابا

mitges

اسٽاڪنگز

mitja pantaló

ٽائيٽس

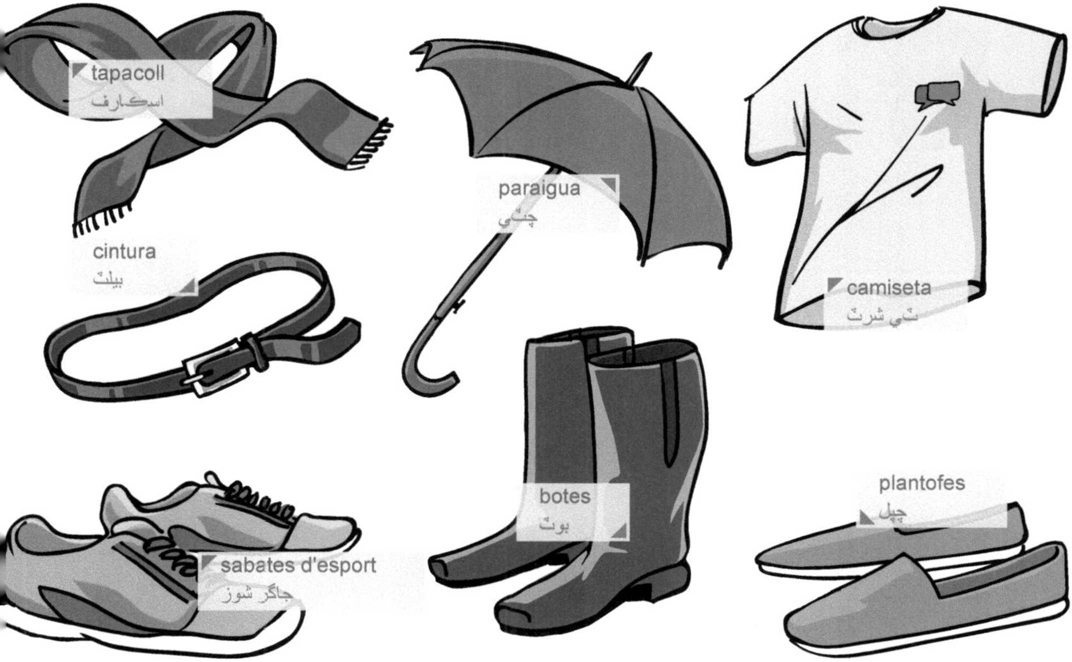

tapacoll
اسكارف

paraigua
چتري

camiseta
ٹی شرٹ

cintura
بيلٹ

botes
بوٹ

plantofes
چپل

sabates d'esport
جاگر شوز

sandàlies

سينڈل

sabates

جوتا

botes de goma

ربڑ جا بوٹ

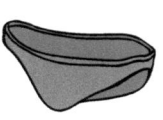

calçonets

انڈرپينٹس

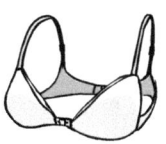

sostenidor

بريزر

guardapits

واسكٹ

jjustacòs

جسم

pantalons

پتلون

jeans

جينز پينٹ

faldeta

اسکرٹ

brusa

چولو

camisa

قميض

jersei

جرسي

dessuadora

هوڈي

blazer

بليزر

jaqueta

جيکٹ

mantell

کوٹ

impermeable

بارش ﻢ پائٹ وارو کوٹ

vestit de dona

پوشاک

vestit de dona

لباس

vestit de núvia

شادي جولباس

**vestit d'home**

سوٽ

**camisa de dormir**

نائٽ گاؤن

**pijama**

پاجامو

**sari**

ساڙي

**mocador de cap**

مٿي تي بٽڻ وارو اسڪارف

**turbant**

پڳڙي

**burca**

برقعو

**caftan**

ڪفتان

**abaia**

عبايو

**vestit de bany**

تيراڪي جو لباس

**calçon(et)s de bany**

چڊي

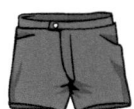

**pantalons curts**

نيڪر

**xandall**

ٽريڪ سوٽ

**davantal**

اپرن

**guants**

دستانا

botó

بٹن

ulleres

چشمو

braçalet

بريسليٹ

collaret

هار

anell

منڈي

orellera

واليون

casquet

ٹوپي

penjador

کوٹ هينگر

capell

ٹوپي

corbata

ٹائي

cremallera

زپ

casc

هيلمٹ

elàstics

بريسز

uniforme escolar

اسکول يونيفارم

uniforme

وردي

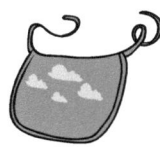

pitet

ٻار لاءِ ڳلي ۾ ٻڌڻ وارو ڪپڙو

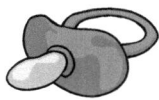

xumet

ٻار جي چوسڻ واري نپل

bolquer

ڪڇو

# oficina

## آفس

servidor
سرور
armari arxivador
فائلن جي الماري
impressora
پرنٽر
paper
ڪاغذ
monitor
مانيٽر
ratolí
ماؤس
escriptori
ميز
arxivador
فولڊر
teclat
ڪي بورڊ
paperera
ردي جي ٽوڪري
ordinador
ڪمپيوٽر
cadira
ڪافي مگ


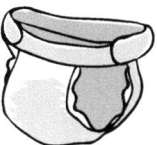

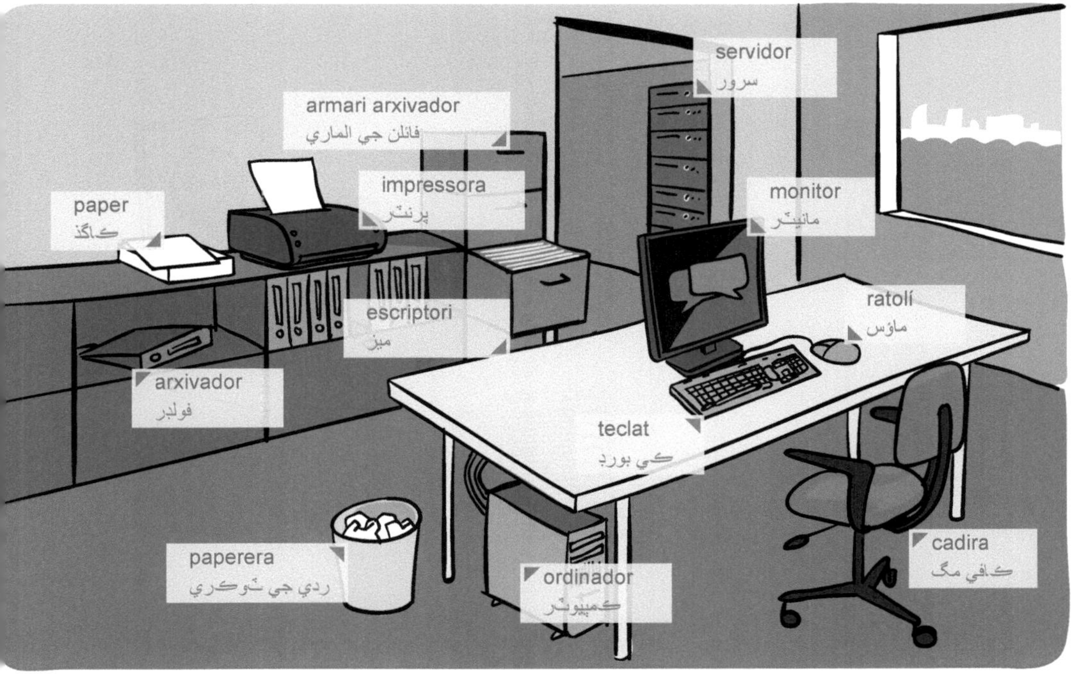

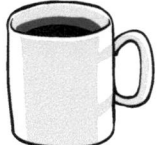

tassa de cafè

ڪافي مگ

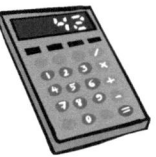

calculadora

ڪيلڪيوليٽر

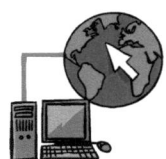

Internet

انٽرنيٽ

ordinador portàtil

لیپ ٹاپ

lletra

خط

missatge

پیغام

mòbil

موبائل

xarxa

نیٹ ورک

fotocopiadora

فوٹو کاپی کرٹ واری مشین

programari

سافٹ ویئر

telèfon

ٹیلی فون

presa de corrent

پلگ ساکٹ

fax

فیکس مشین

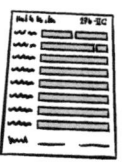

formulari

فارم

document

دستاویز

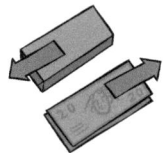

comprar

خريد كرڻ

pagar

ادا كرڻ

comerciar

صاف كرڻ

diners

پيسا

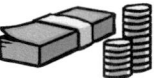

dòlar

ڊالر

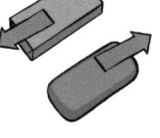

euro

يورو

ien

يين

ruble

روبل

franc suís

سوئس فرانک

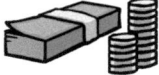

renminbi

رينمنيبي يوآن

rupia

روپيو

caixa automàtica

كيش پواننٽ

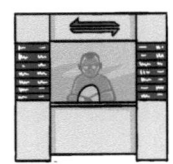

oficina de canvi

رقم تبديل كرائث جي آفيس

or

سون

argent

چاندي

petroli

خام تيل

energia

توانائي

preu

قیمت

contracte

معاهدو

impost

ٹیکس

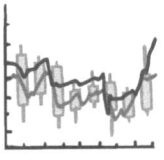

acció

ذخیرو

treballar

كم كرن

treballador

ملازم

empresari

آجر

fàbrica

فیکٹري

botiga

دكان

# oficis

## پيشو

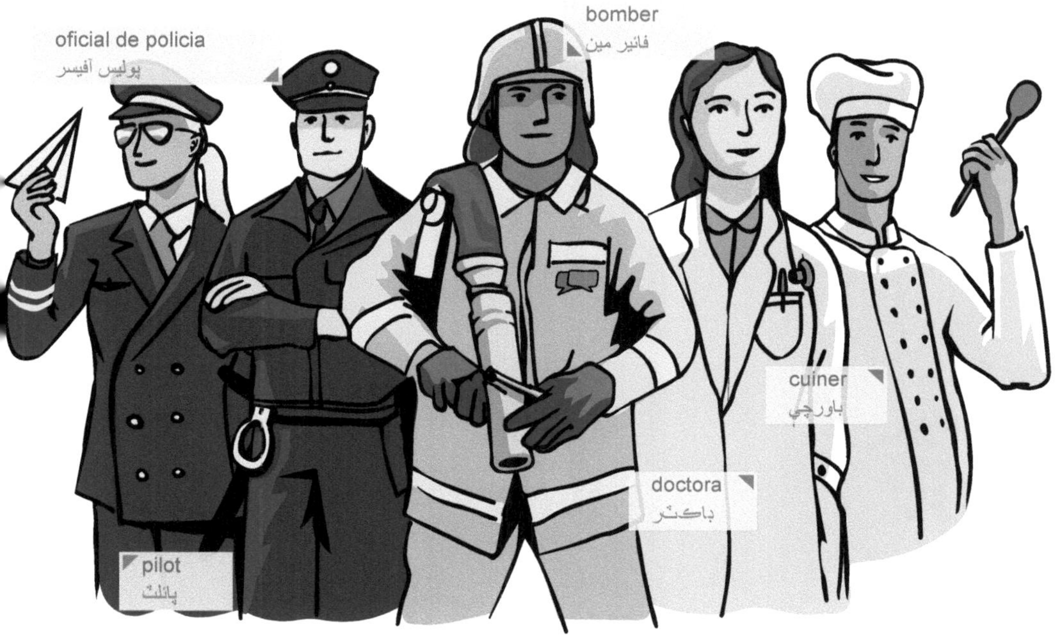
oficial de policia
پولیس آفیسر
bomber
فائیر مین
cuiner
باورچي
doctora
ډاکټر
pilot
پائلټ

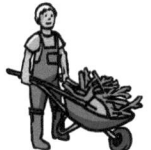

jardiner

مالي

fuster

واډو

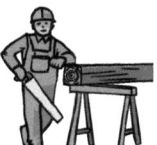

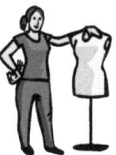

costurera

درزن

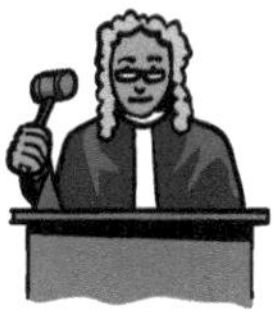

jutge

جج

química

کیمیسټ

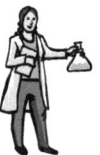

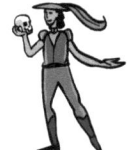

actor

اداکار

conductor d'autobús

بس ډرائیور

taxista

ټیکسي ډرائیور

pescador

مچي مارڼ وارو

dona de la neteja

صفائي کرڼ واري ماني

ensostrador

چهت ناهڼ وارو

cambrer

ویټر

caçador

ښکاري

pintor

رنگ ساز

forner

نانوائي

electricista

الیکټریشن

obrer de la construcció

بلډر

enginyer

انجنیئر

carnisser

کاساني

llanterner

پلمبر

correu

پوسټ مین

soldat

سپاهي

arquitecte

ارکينټيکټ

caixera

خزانچي

florista

گل کپانڼ وارو

perruquer

ناني

revisor

کنډيکټر

mecànic

مکينک

capità

کپتان

dentista

ډينټسټ

científic

سائنسدان

rabí

يهودي عالم

imam

امام

monjo

راهب

capellà

پادري

# eines
# اوزار

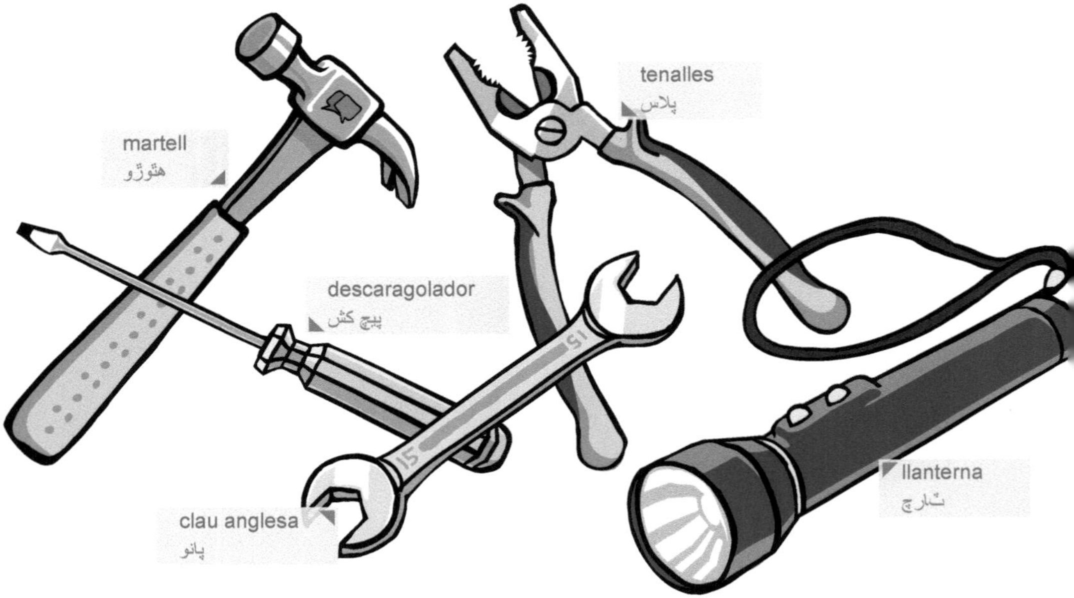

martell
هٿوڙو
tenalles
پلاس
descaragolador
پيچ ڪش
clau anglesa
پانو
llanterna
ٽارچ


excavadora
ايڪسڪويٽر

caixa d'eines
ٽول باڪس

escala
ڏاڪڻ

serra
آري

claus
ڪوڪو

trepant
ڊرل

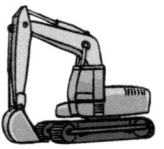

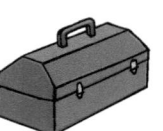

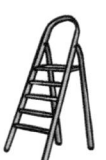

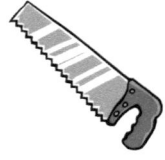

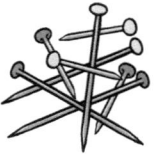

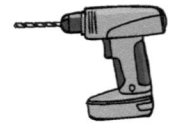

reparar

مرمت كرڻ

pala

بيلچو

Maleït siga!

لعنت هجي!

pala

كچري دان

pot de pintura

پينٽ وارو دٻو

caragols

پيچ

## instrument de música

## موسيقي جا اوزار

altaveu

لائوڊ اسپيڪر

bateria

ڊيل ٻاس

contrabaix

ڊيل ٻاس

trompeta

توتاري

guitarra

گٽار

piano

پیانو

violí

وائلن

baix

گٹار

timbal

ٹمپانی

tambor

ڈرم

teclat

کی بورڈ

saxofon

سیکسوفون

flauta

بانسري

micròfon

مائیکروفون

# ZOO

# چڙيا گهر

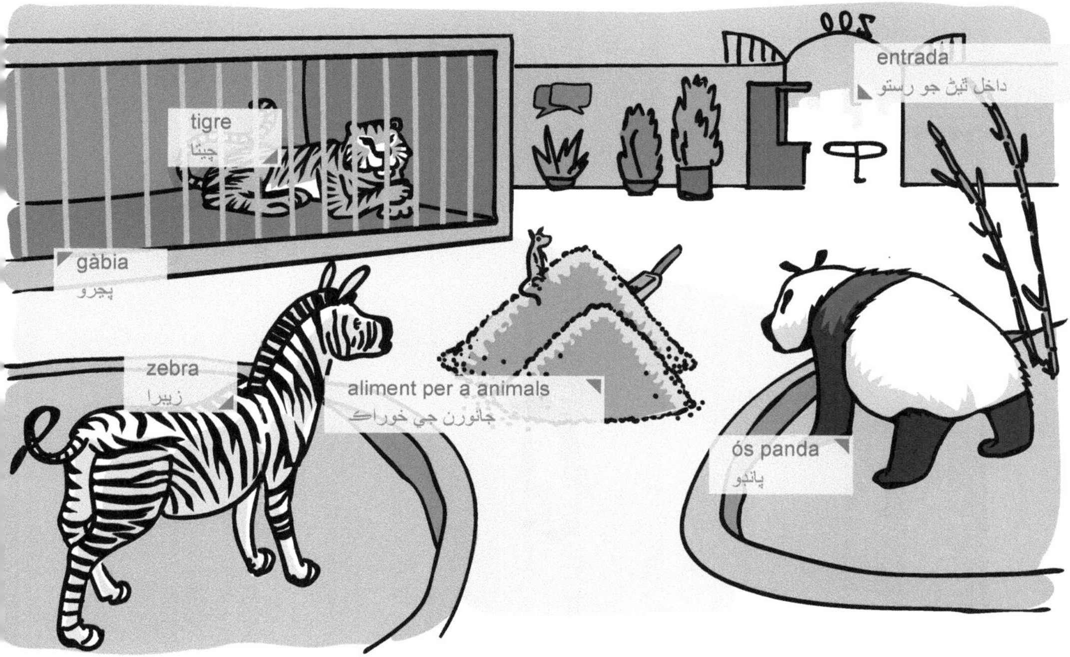

entrada
داخل ٿيڻ جو رستو
tigre
چيتا
gàbia
پڃرو
zebra
زيبرا
aliment per a animals
جانورن جي خوراڪ
ós panda
پانڊو


animals

جانور

elefant

هاٿي

cangurú

ڪينگرو

rinoceront

گينڊو

goril·la

گوريلو

ós

رڇ

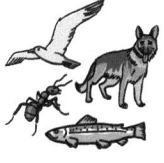

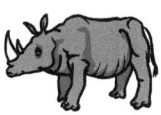

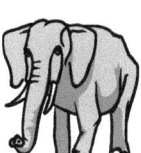

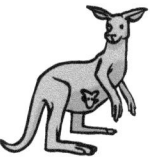

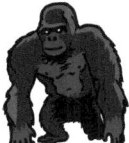

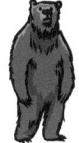

camell

انٹ

estruç

شترمرغ

lleó

شیبنهن

simi

پولڑو

flamenc

فلیمنگو

papagai

طوطو

ós polar

برفانی ریچھ

pingüí

کبوتر

ca mari

شارک

paó

مور

serp

نانگ

cocodril

واگهون

guardià del zoo

چڑیا گهر جو محافظ

foca

گوج میچی

jaguar

چیتو

poni

ٹٹو

lleopard

چيتو

hipopòtam

درياني گهوڑو

girafa

چزراف

àliga

باز

senglar

سونر

peix

مڇي

tortuga

كمي

morsa

سامونڊي گهوڑو

guineu

لومڙي

gasela

هرڻ

futbol americà
آمریکن فوٹبال

ciclisme
سائکلنگ

tenis
ٹینس

bàsquet
باسکٹ بال

natació
تیراکی

boxa
باکسنگ

hoquei sobre gel
آئس ہاکی

futbol americà
فوٹبال

bàdminton
بیڈمنٹن

atletisme
ایتھلیٹکس

handbol
ہینڈ بال

esquí
اسکیئنگ

polo
پولو

saltar
ٹپو ڈيݨ

abraçar
پاکڑ پاݨ

riure
کلݨ

anar
هلݨ

cantar
گانو گاݨ

somiar
خواب ڈسݨ

pregar
دعا کرݨ

fer un petó
چمي ڈيݨ

escriure

لکݨ

dibuixar

تصوير کشي کرݨ

mostrar

ڈيکارݨ

pitjar

ڈکو ڈيݨ

donar

ڈيݨ

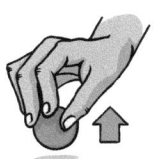

prendre

وݨ

tenir

رکڻ

fer

کرڻ

ésser

ٿيڻ

estar dret

بيهڻ

córrer

پچڻ

estirar

چکڻ

llançar

اڇلائڻ

caure

ڪرڻ

jeure

کڙو ڳالهائڻ

esperar

اندظار کرڻ

portar

کڻي وڃن

asseure's

ويهڻ

vestir-se

تيار ٿيڻ

dormir

سمھڻ

despertar-se

جاڳڻ

mirar

لَکسٹ

plorar

رونٹ

amoixar

دَک هٹ

pentinar

کنگي کرٹ

parlar

گالھانٹ

comprendre

سمجهن

demanar

پچٹ

escoltar

بتٹ

beure

پينٹ

menjar

کانٹ

endreçar

صاف کرٹ

estimar

پيار کرٹ

cuinar

پچانٹ

conduir

گاڈي ہلانٹ

volar

اڑٹ

navegar

بحري سفر كرڻ

calcular

حساب كرڻ

llegir

پڙهڻ

aprendre

سکڻ

treballar

كم كرڻ

casar-se

شادي كرڻ

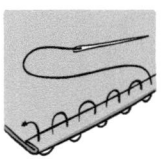

cosir

سيئڻ

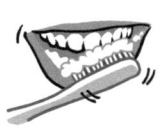

raspallar-se les dents

ڏندن كي برش كرڻ

matar

قتل كرڻ

fumar

سگريٽ پيئڻ

enviar

موكلڻ

àvia
ٹاٹي يا ناني

avi
ٹاٹو يا نانو

pare
پِي

mare
ماۃ

pare
پِي

nadó
پار

filla
ڈي

fill
پَت

convidat

مهمان

tia

چاچي

oncle

چاچو

germà

ٻاۂ

germana

پيڻَ

# COS

# جسم

front
پيشاني
ull
اک
cara
منهن
barbeta
ڪاڏي
dit
آڱر
mà
هٿ
espatlla
ڪلهو
cama
ٽنگ
pit
ڇاتي
braç
ٻانهن

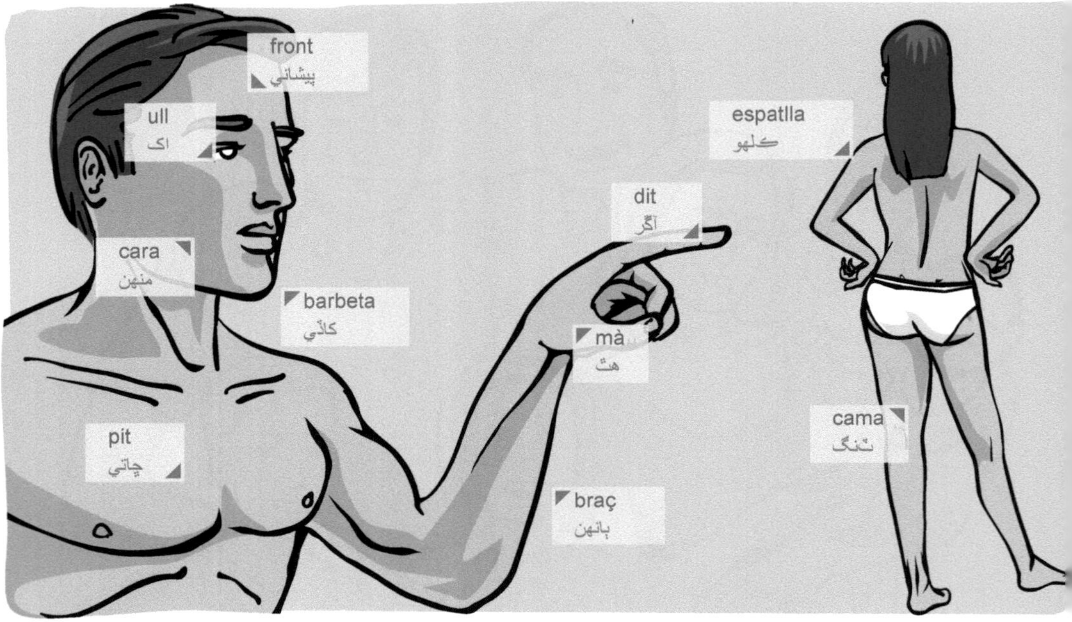

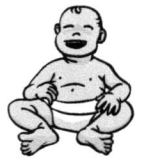

nadó

ٻار

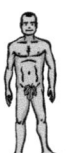

home

ماڻهون

dona

عورت

noia

ڇوڪري

noi

ڇوڪرو

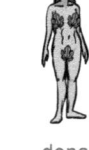

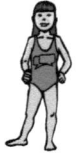

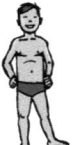

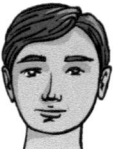

cap

مٿو

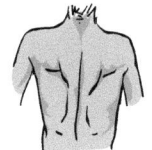

esquena

پٟی

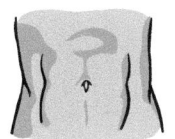

panxa

پیٹ

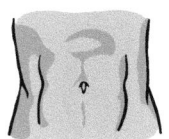

melic

دن

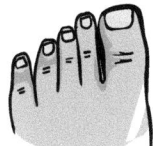

dit gros del peu

پیر جو آگونو

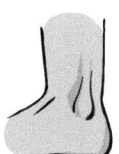

taló

کڑّي

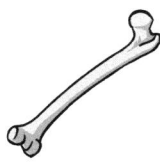

os

هݨي

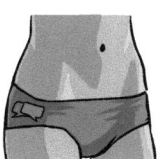

maluc

هݨدٟ

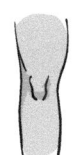

genoll

گوڏو

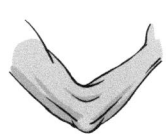

colze

ٺوٺٟ

nas

نڪ

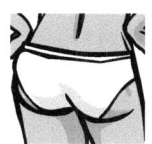

cul

هيٺيون حصو

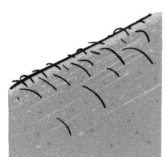

pell

کل

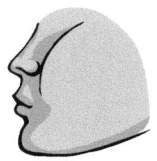

galta

ڳٹ

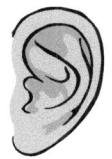

orella

ڪن

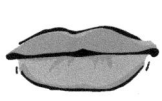

llavi

چپ

boca

واتس

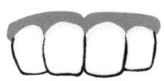

dent

ڈنت

llengua

زبان

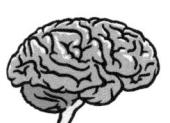

cervell

دماغ

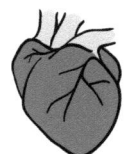

cor

دل

múscul

ٹورو

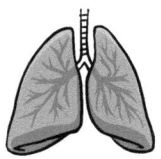

pulmó

پھر

fetge

جگر

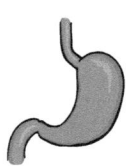

estómac

معدو

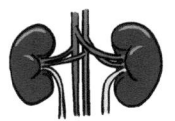

ronyó

گردا

relació sexual

جماع کرنا

preservatiu

کنڈوم

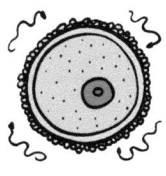

ovari

بیضہ

semen

منی

prenyat

حمل

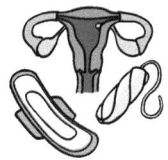

menstruació

حيض

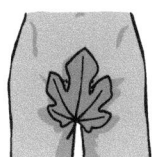

vagina

پچيداني جي نالي

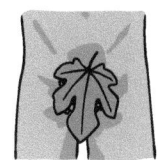

penis

مردانو مخصوص عضوو

cella

پرون

cabells

وار

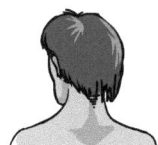

coll

گچي

# hospital

## اسپتال

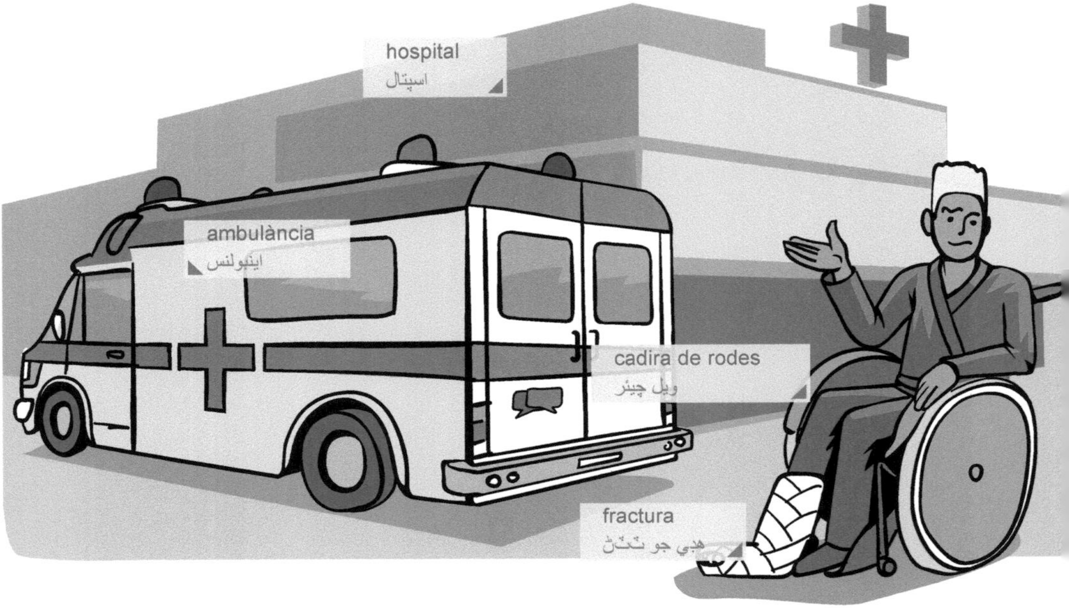

hospital
اسپتال
ambulància
اینبولنس
cadira de rodes
ویل چیئر
fractura
هڊي جو ٽٽڻ


doctora

ڊاڪٽر

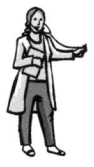

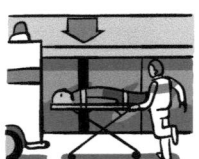

sala d'urgències

هنگامي ڪمرو

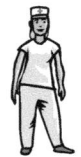

infermera

نرس

urgència

ايڪسري

inconscient

بيهوش

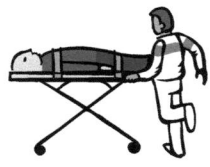

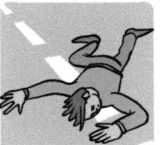

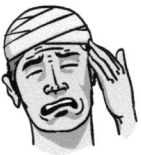

dolor

سور

ferida

زخم

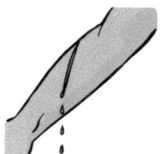

sagnament

رت وهن

atac de cor

ورود جو دل

apoplexia

فالج

al·lèrgia

الرجي

tos

کنگهه

febre

بخار

gripa

زکام

diarrea

ڈست

mal de cap

سور جو مٺُی

càncer

کینسر

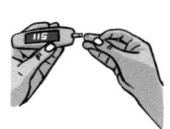

diabetis

ذیابیطس

cirurgià

سرجن

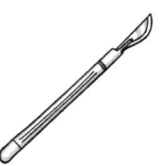

escalpel

جراحي بليڈ

operació

آپریشن

tomografia computada (TC),
TAC

سي ٽي

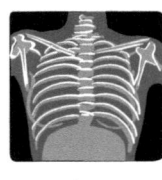

raigs x

ايكسري

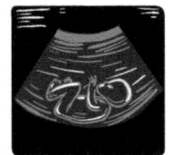

ultrasò

الٽراساؤنڊ

mascareta

منهن جي ماسڪ

malaltia

بيماري

sala d'espera

انتظار ڪرڻ جو ڪمرو

crossa

بيساکهي

tireta

پالاسٽر

embenat

پٽي

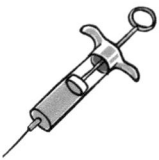

injecció

انجيڪشن

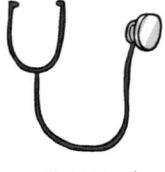

estetoscopi

اسٽيٿهوسڪوپ

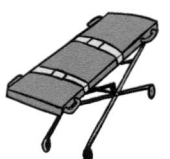

llitera

اسٽريچر

termòmetre clínic

ٿرماميٽر

pariment

پيدائش

sobrepès

موٽاپو


hospital - اسپتال

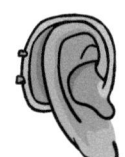

aparell auditiu

ہیَرِنگ واری ڈیوائس

desinfectant

جراثیم کش

infecció

انفیکشن

virus

وائرس

VIH / SIDA

ایچ أئ وي / ایڈز

medicina

دوا

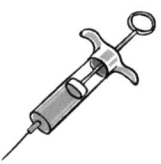

vaccí

ویکسینیشن

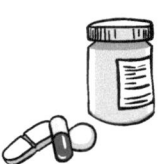

comprimits

ٹیکی

píl·lola

گولي

trucada d'urgència

ہنگامي کال

tensiòmetre

بلڈ پریشر مانیٹر

malalt / sà

بیمار / صحت

Socors!

مدد

alarma

الارم

assalt

جسماني حملو ڪرڻ

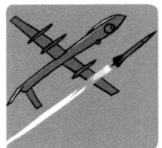

atac

حملو ڪرڻ

perill

خطره

sortida-eixida d'urgència

هنگامي حالت ۾ نڪرڻ جو رستو

Foc!

باه

extintor

باه وسائڻ جو اوزار

accident

حادثو

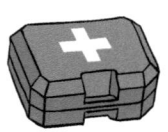

farmaciola de primers
auxilis

ابتدائي طبي امداد

SOS

ايس او ايس

policia

پوليس

Europa

پورپ

Amèrica del Nord

اتر آمریکا

Amèrica del Sud

ڈکٹ آمریکا

Àsia

ایشیا

Austràlia

أسٹریلیا

Àfrica

أفریقا

Atlàntic

اٹلانٹک

Pacífic

پیسفک

Oceà Índic

بحر ہند

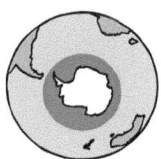

Oceà Antàrtic

انٹارکٹک سمند

Oceà Àrtic

أرکٹک سمند

pol nord

اتر قطب

pol sud

ذكر قطب

Antàrtida

انتاركتيكا

terra

زمين

país

زمين

mar

سمندر

illa

جزيرو

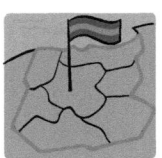

nació

قوم

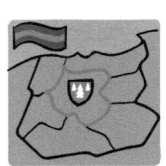

estat

رياست

quadrant

وصحّ نوهماس جو يّهرگ

agulla de les hores

كلاك واري سونئي

agulla dels minuts

منتّ واري سونئي

agulla dels segons

سيكتدنب واري سونئي

Quina hora és?

تّانم گهتوِ ثيو آهي؟

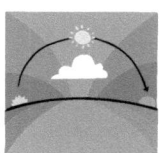

dia

ڏيّنهن

temps

وقت

ara

هاٿي

rellotge digital

يّهرگ لّبيجب

minut

منتّ

hora

كلاك

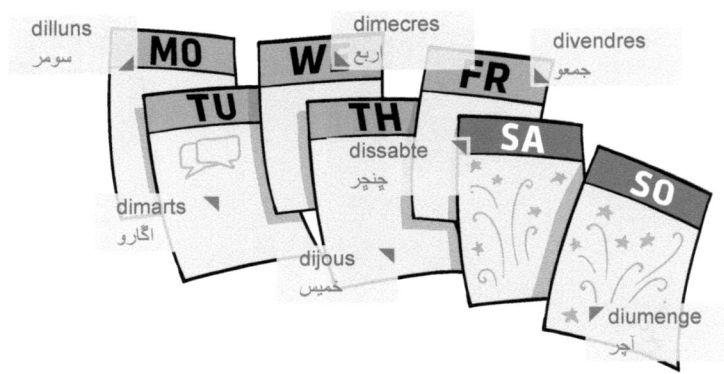

dilluns / سومر
dimecres / اربع
divendres / جمعو
dimarts / اگارو
dissabte / چنڇر
dijous / خميس
diumenge / آچر

ahir
كله

avui
اچ

demà
سباني

matí
صبيع

migdia
منجهند

tarda
شام

| MO | TU | WE | TH | FR | SA | SU |
|----|----|----|----|----|----|----|
| 1 | 2 | 3 | 4 | 5 | 6 | 7 |
| 8 | 9 | 10 | 11 | 12 | 13 | 14 |
| 15 | 16 | 17 | 18 | 19 | 20 | 21 |
| 22 | 23 | 24 | 25 | 26 | 27 | 28 |
| 29 | 30 | 31 | 1 | 2 | 3 | 4 |

dia feiner
كاروباري ڈينهن

| MO | TU | WE | TH | FR | SA | SU |
|----|----|----|----|----|----|----|
| 1 | 2 | 3 | 4 | 5 | 6 | 7 |
| 8 | 9 | 10 | 11 | 12 | 13 | 14 |
| 15 | 16 | 17 | 18 | 19 | 20 | 21 |
| 22 | 23 | 24 | 25 | 26 | 27 | 28 |
| 29 | 30 | 31 | 1 | 2 | 3 | 4 |

cap de setmana
هفتي جو آخر

# any

## سال

pluja
برسات
arc de Sant Martí
انڊلٺ
vent
هوا
neu
برف
primavera
بهار
tardor
خزان
estiu
گرمي جي موسم
hivern
سردي جي موسم


4.APRIL 11°
5.APRIL 4°
6.APRIL 13°
7.APRIL 8°
8.APRIL 10°


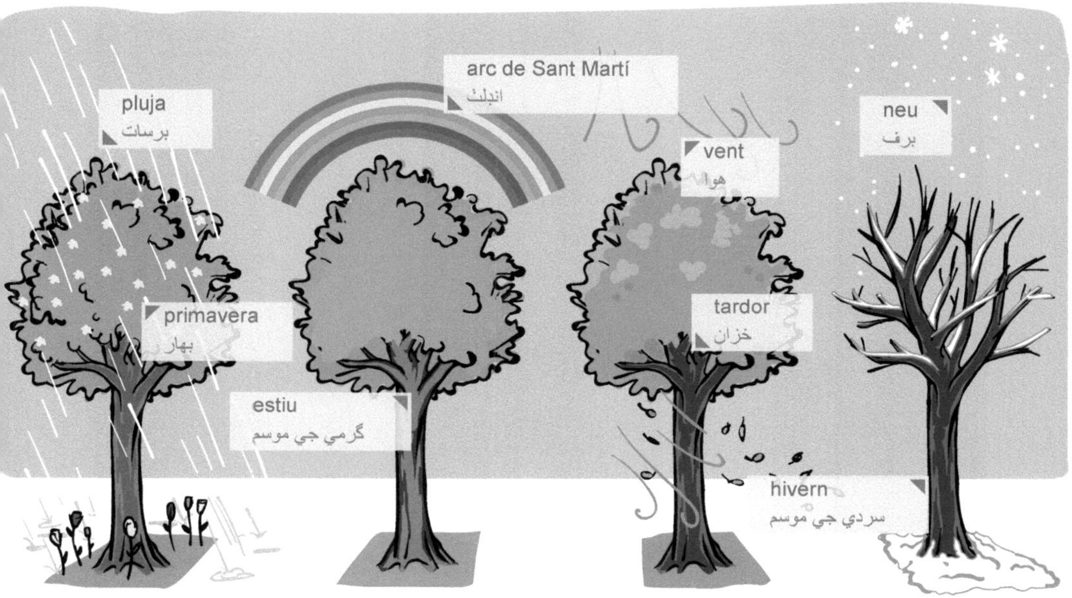

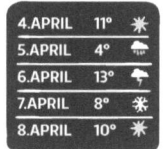

pronòstic del temps

موسم جي پيشنگوهي

F C
120 90 60 30 0 -30
40 30 20 10 0 -10 -20


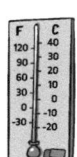

termòmetre

ٿرماميٽر

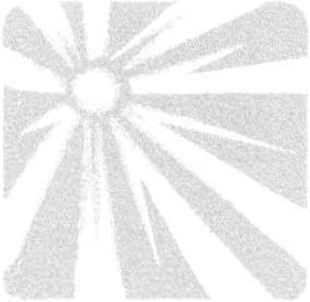

llum del sol

اُس

núvol

بادل

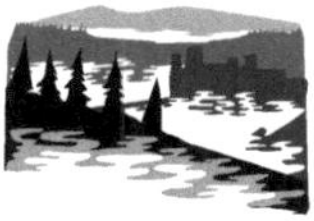

boira

ڌنڌ

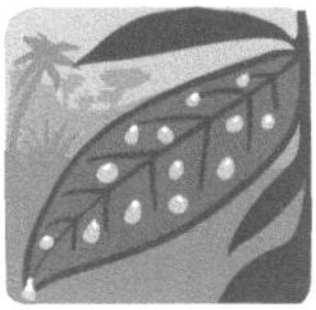

humiditat de l'aire

نمي

llamp

آسماني بجلي

tro

ٹرماميٹر

tempesta

طوفان

calamarsa

ڳڙڻ جو مينهن

monsó

مون سون

inundació

ٻوڏ

gel

برف

gener

جنووري

febrer

فيبروري

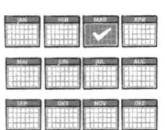

març

مارچ

abril

اپريل

maig

مئي

juny

جون

juliol

جولائي

agost

آگسٽ

any - سال

setembre

سپتمبر

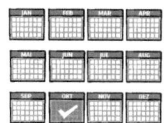

octubre

آکتوبر

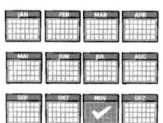

novembre

نومبر

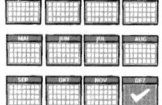

desembre

ڈسمبر

## formes

شکلون

cercle

دائرو

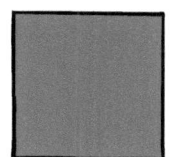

quadrat

چکور

rectangle

مستطیل

triangle

ٹکندی

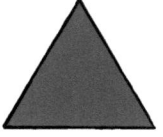

esfera

کره

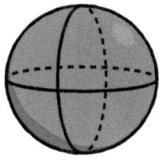

cub

کعب

blanc

اڇو

groc

پيلو

taronja

نارنجي

rosa

گلابي

vermell

ڳاڙهو

lila

جامني

blau

نيرو

verd

سائو

marró

ناسي

gris

پورو

negre

كارو

molt / poc

گهڅو / ٿورو

emprenyat / tranquil

ناراض / پر سکون

bonic / lleig

خوبصورت / بدصورت

començament / fi

شروعات / ختم

gran / petit

وڏو / ننڍو

clar / fosc

روشني / اونده

germà / germana

بهن / بهائي

net / brut

صاف / خراب

complet / incomplet

مکمل / نا مکمل

dia / nit

ڏينهن / رات

mort / viu

مرده / زنده

ample / estret

ڀگهو / تنگ

comestible / immenjable

كائڻ قابل نه هجڻ / كائڻ جي قابل هجن

dolent / amable

برو / سٺو

entusiasmat / entediat

پرجوش / بوريت جوشڪار

gros / prim

موٽو / پتلو

primer / darrer

پهريون / آخري

amic / enemic

دوست / دشمن

ple / buit

پريل / خالي

dur / tou

سخت / نرم

pesant / lleuger

ڳورو / هلڪو

gana / set

بڪ / اڄ

malalt / sà

بيمار / صحت

il·legal / legal

غيرقانوني / قانوني

intel·ligent / ximple

عقلمند / بيوقوف

esquerra / dreta

سڌو / ابٽو

prop / llunyà

ويجهي / پري

nou / usat

نئون / استعمال ئیل

res / quelcom

کجہ بہ ہنہ / کجہ

vell / jove

پوڑّھو / نوجوان

encès / apagat

آن / آف

obert / tancat

کلیل / بند

silenciós / sorollós

خاموش / بلند آواز سان

ric / pobre

امیر / غریب

correcte / incorrecte

صحیح / غلط

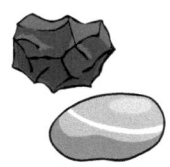

aspre / suau

کھورو / لسو

trist / content

غمگین / خوش

curt / llarg

مختصر / ڈگھو

lent / ràpid

آھستہ / تیز

humit / sec - eixut

آلو / سکل

calent / fred

گرم / ٹھنڈو

guerra / pau

جنگ / امن

**0**

zero

زیرو

**1**

u

هک

**2**

dos

په

**3**

tres

ښي

**4**

quatre

چار

**5**

cinc

پنځ

**6**

sis

چه

**7**

set

ست

**8**

vuit

اث

**9**

nou

نوَ

**10**

deu

لّه

**11**

onze

یارهن

**12**

dotze

بارهن

**13**

tretze

تیرهن

**14**

catorze

چوڈهن

**15**

quinze

پندرهن

**16**

setze

سورهن

**17**

disset

سترهن

**18**

divuit

ارڑهن

**19**

dinou

اوٹویه

**20**

vint

ویه

**100**

cent

سو

**1.000**

mil

هزار

**1.000.000**

milió

ڈه لک

anglès

انگريزي

anglès americà

آمريكي انگريزي

xinès mandarí

چيني ميندبارن

hindi

هندي

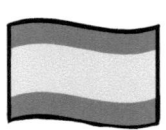

espanyol

اندلسي بولي

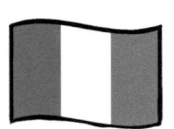

francès

فرانسيسي

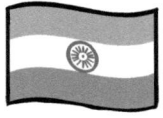

àrab

عربي

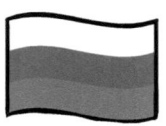

rus

روسي

portuguès

پرتگالي

bengalí

بنگالي

alemany

جرمن

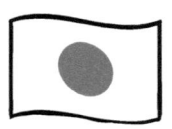

japonès

جاپاني

jo

مان

tu

تون

ell / ella / allò

هي چوكري/ هي چوكرو / هو

nosaltres

اسان

vosaltres

تون

ells

هو

qui?

كير؟

què?

چا؟

com?

كيئن

on?

كٿي؟

quan?

كذَنهن؟

nom

نالو

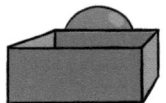

darrere

پويان

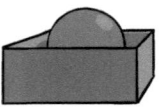

en

davant de

جي سامهون

damunt

مٿي

sobre

تي

sota

هيٺ

al costat

ڀرسان

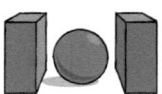

entre

وچ ۾

lloc

جڳه